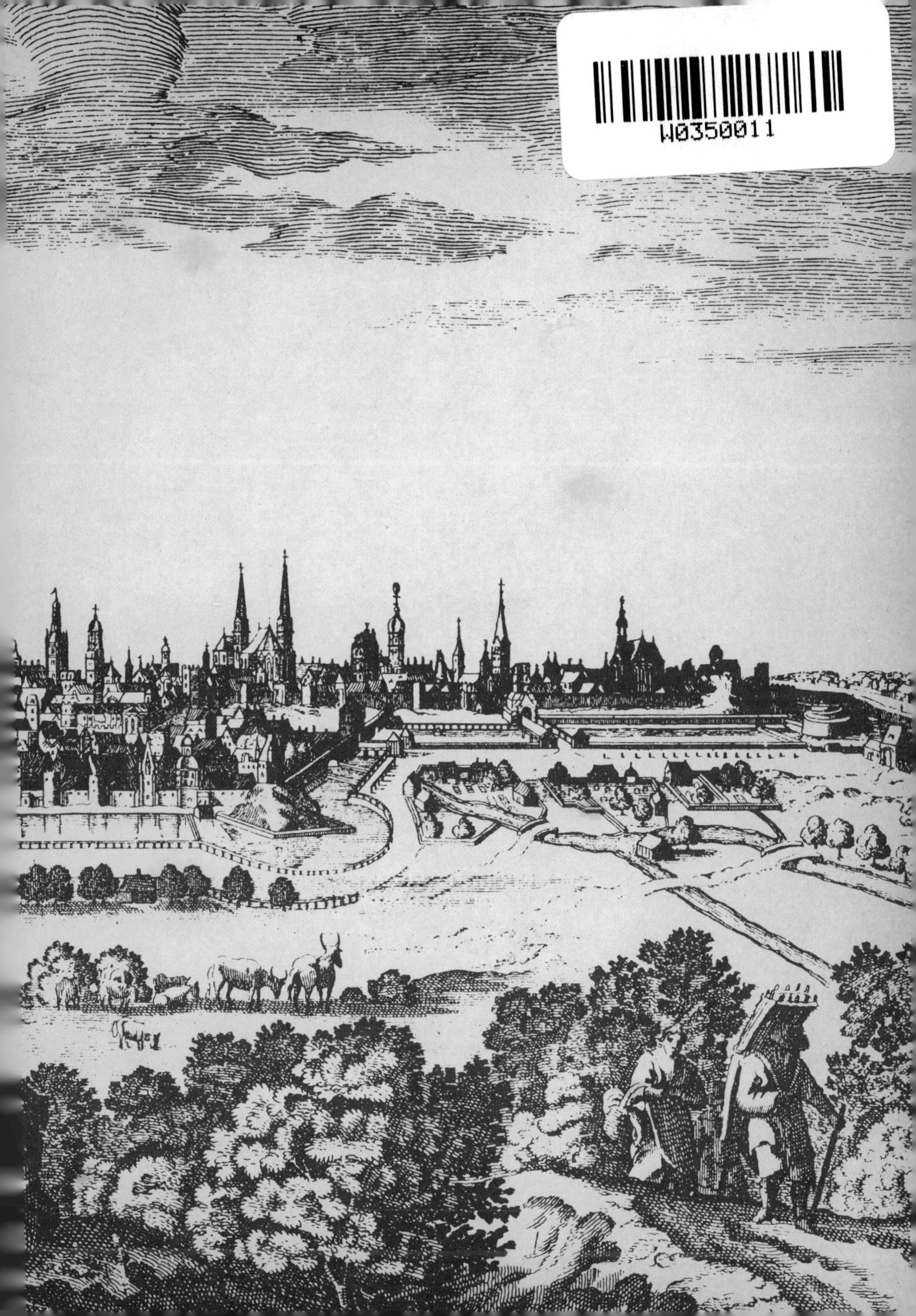

Weihnachten '87

Dieses Buch gehört:

Magdalena

Scheßl

Frohe Weihnachten wünscht Dir,
liebe Mutti,

Dein Sohn

Thomas.

Das Kochbuch aus Augsburg

Augsburger Küchenschätze

gesammelt und notiert von

Kurt und Lydia Nagel

verlegt von

Wolfgang Hölker

ISBN 3-88117-440-0

Printed in W.-Germany by Druckhaus Cramer, Greven
Musterschutz angemeldet beim Amtsgericht Münster

Inhalt

Die Augsburger Küche 6–11

Suppen und Suppeneinlagen 12–23

Fleisch- und Wildgerichte 24–35

Innereien 36–43

Fisch 44–51

Beilagen, die auch selbständige Essen sein können 52–61

Süßspeisen 62–71

Brotzeiten 72–77

Getränke 78–81

Notizen und weitere Rezepte aus Augsburg 82–91

Register 92–96

Die Rezepte sind, wenn nicht anders vermerkt, für 4 Personen berechnet.

Die Augsburger Küche

ELICORUM
rg
2.
bet Nomenq; Decusq;
EUS ipse bonis.
en von Augusto herzenomen;
Sie vom Himel kommen.
Simon Grimm. delin. et fecit.
19. Iacober Thor.
20. Baarfüsser Thor.
21. H. Kreützer Thor.
22. H. ✝ Kirchen.
23. S. Iohann.
24. H. 3. König.
25. der Dom.
26. Blatter Bastey.
27. Halbblatter Thorlen.
28. Unser Frauen Thor
29. Jesuiter
30. Karmeliter
31. S. Steffan
32. Steffinger Thor

Ein Kochbuch mit Augsburger Speisen zu schreiben, ist auf den ersten Blick sicherlich nicht allzu schwierig. Je mehr man sich aber mit dem Küchenzettel von Augsburger Hausfrauen, den Speisekarten der Augsburger Gaststätten und Hotels sowie der eindrucksvollen Geschichte dieser Stadt auseinandersetzt, um so deutlicher erkennt man die vielfältigen Einflüsse auf die Küche der Schwabenmetropole.

Beginnen wir mit der Geschichte. Kaiser Augustus gibt seinen Stiefsöhnen Drusus und Tiberius im Jahre 15 v. Chr. die Order, die rätischen Alpenbewohner und die Kelten bis zur Donau zu unterwerfen. Der Auftrag wird erfüllt, und eine starke Besatzungsmacht etabliert sich auf dem Gebiet, wo Lech und Wertach zusammenfließen (diese Gründung gab der Stadt Augsburg den Anlaß, im Jahre 1985 ihre 2000-Jahr-Feier zu veranstalten). Tiberius errichtet hier eine Stadt aus Steinbauten, die Sitz eines dem Kaiser unterstellten Statthalters wird. Die Alemannen lösen nach rund 4 Jahrhunderten die Römerherrschaft ab. Später wird aus der Römerstadt ein Bischofssitz. Nach einer wechselvollen Geschichte übergibt Kaiser Rudolf von Habsburg der Stadt 1276 das Stadtrechtsbuch. Durch die Fugger und Welser bestimmt Augsburg dann mehr und mehr das Weltgeschehen. Die Kaiser und kirchlichen Würdenträger kommen nach Augsburg, um politische Entscheidungen vorzubereiten und zu verabschieden. Gelegentlich finden sich bei diesen Besuchen auch Hinweise auf die kulinarischen Köstlichkeiten dieser Zeit. Für Kaiser Maximilian I. wurden u. a. Wildpastete, Hirschschnitzel mit Spätzle und Preiselbeeren serviert.

Auch in den folgenden Jahrhunderten erlebt die Stadt Höhen und Tiefen. Der Verlust der Rechte als freie Reichsstadt wird im 19. und 20. Jahrhundert durch vielfältigsten Pioniergeist, enorme Schaffenskraft und den Habitus der Menschen, die sich als Schwaben empfinden, wettgemacht. Dieses Spannungsfeld zwischen der Zugehörigkeit zum Freistaat Bayern und dem Verständnis, als Schwabe zu leben, beeinflußte auch entscheidend die Augsburger Küche. Es finden sich in ihr aber nicht nur Elemente der bayerischen und der schwäbischen Küche, auch Einflüsse der alemannischen und fränkischen Tradition sind feststellbar. Gelegentlich werden an Festtagen sogar altrömische Gerichte kredenzt, ganz im Sinne der damaligen Zeit: auf nachgetöpfertem römischen Geschirr und serviert von einer römisch gewandeten Bedienung.

Die geschichtliche Entwicklung hat somit entscheidend die Küche in der Metropole der bayerischen Schwaben geprägt. Diese Küche muß sich nicht verstecken vor den beständig in Vordergrund gerückten kulinarischen Oasen Deutschlands. Den Augsburgern ist Lautstärke und heischen nach Lorbeeren weitgehend fremd. Ihre Speisen sind grundsolide und bezeugen die Wertschätzung der Produkte. Längst ist die Symbiose zwischen Regionalküche und Feinschmeckerküche geglückt. Auf den Speisezetteln der Hausfrauen wie auch der Gastronomie finden sich großartige Suppen, eindrucksvolle Fleisch- und Fischgerichte, originell zubereitete Innereien-Gerichte, köstliche Mehlspeisen und Desserts sowie deftige Brotzeiten.

Die landläufigen Suppen sind ein integraler Bestandteil der Augsburger Küche. Ihre breite Palette zeigt den Stellenwert, den man dieser Köstlichkeit beimißt. Die Grundlage der meisten Suppen ist eine kräftige Fleischbrühe, die je nach Gusto mit den verschiedensten Einlagen versehen wird. Sehr beliebt als Einlage sind vor allem Brätknödel, Leberknödel, Backspätzle, Flädle und – wenn es schnell gehen soll – Riebele. Ortstypisch ist auch die abgeschmelzte Brotsuppe.

Die schwäbische Tugend der Sparsamkeit hat in der Vergangenheit den Fleischgerichten oft nur eine Nebenrolle zukommen lassen. Heute ist dagegen das Fleisch vom Schwein, Rind und Kalb sehr häufig – in unterschiedlichen Variationen – auf dem Speisezettel zu finden. Wahrscheinlich hat auch Berthold Brecht, der am 10. Februar 1898 in Augsburg zur Welt kam, die

Wertschätzung eines guten Bratens in seiner Heimatstadt kennengelernt. Schreibt er doch einmal:

„... in die Grube gelegt werden
ohne einen Mundvoll guten Fleisches
genossen zu haben,
ist unmenschlich, und das sage ich,
der ich
ein schlechter Esser bin."

Sehr gerne verwendet die Augsburger Küche den Schweinebraten, der mit unterschiedlichsten Beilagen serviert wird. Gefüllte Kalbsbrust und Kalbshaxen sind bei den Kalbfleischspeisen geschätzt; vom Rind werden die marmorierten Stücke besonders nachgefragt. Das ist nicht zuletzt auf die Küche der Welser zurückzuführen, bei der die saftige Hochrippe einen hohen Stellenwert hatte. In der Augsburger Küche gelten einfache Gerichte nicht als unfein. Dies ist insbesondere bei den Innereien-Spezialitäten festzustellen. Gerichte aus Kutteln, Leber, Herz und Nieren gehören zu den unabdingbaren Bausteinen dieser Küche; die Kenner dieser Gerichte lassen dafür manches „noble" Gericht links liegen.

Vielleicht sind die Süßspeisen mit das typischste kulinarische Vergnügen in und um Augsburg herum. Trotz aller Kalorien ist es eine Sünde wert, sich von den „Versoffenen Jungfern", „Nonnenfürzle" und Dampfnudeln verführen zu lassen. Vollends im Paradies kann man sich fühlen, wenn es im späten Sommer den lauwarmen Zwetschgenkuchen gibt, bei dem der Saft den dünnen Hefeteig „datscht". Den „Zwetschgendatschi", wie die Augsburger ihn bezeichnen, muß man einfach gegessen haben. Dieser „Datschi" hat den Augsburgern auch den Spottnamen „Datschiburger" eingebracht. Daß das Paradies aber nicht nur zu dieser Zeit auf der Erde ist, sondern täglich genossen werden kann, dafür sorgen in Augsburg nicht zuletzt die deftigen Brotzeiten. Unabhängig von allen Jahreszeiten bestimmen sie den Speiseplan entscheidend mit. Ein wesentliches Eßvergnügen stellt dabei die Wurst sowie der kalte Braten dar, zu denen die Augsburger ein besonders verehrendes und verzehrendes Verhältnis haben. Auf sie trifft sicherlich Goethes Ausspruch voll zu:

„Nur von fern ein Gastmahl wittern,
macht mir alle Gliedern zittern,
Würste, Braten und Pasteten
sind imstande, mich zu töten!"

Fürwahr ist Augsburg das Schatzkästlein einer traditionsbewußten, ehrlichen Küche!

Suppen und Suppeneinlagen

Armamenta

ghaus.

Brotsuppe

1½ l Fleischbrühe, Salz, Pfeffer, Knoblauchpulver, 1 Teelöffel Kümmel, 2 Teelöffel Majoran, 300 g Zwiebeln, 80 g Schweinefett, 50 g Butter, 500 g altes Schwarzbrot, Schnittlauch

Die Fleischbrühe wird aufgekocht und mit Salz, Pfeffer, etwas Knoblauchpulver, Kümmel sowie Majoran gewürzt. Die Zwiebeln in Ringe schneiden und halbieren. Schweinefett und Butter werden in einer Pfanne erhitzt, darin die halbierten Zwiebelringe glasig braten, bis sie eine schöne braune Farbe haben.

Das alte Schwarzbrot schneidet man in feine Scheiben, gibt es in eine Suppenschüssel und schüttet die heiße Fleischbrühe darüber. Kurz den Deckel auflegen. Danach rührt man die Zwiebeln und das restliche Fett unter und bestreut die Suppe mit Schnittlauchröllchen.

Kartoffelsuppe

1½ l Fleischbrühe, 500 g Kartoffeln, 2 Möhren, ½ Sellerieknolle, 1 Zwiebel, 2 Eßlöffel Rahm, 1 Eßlöffel Mehl, Salz, Pfeffer, Majoran, Muskat, Petersilie

Kartoffeln in Würfel schneiden, mit dem Gemüse und der halbierten Zwiebel in der Fleischbrühe 30 Minuten kochen. Die Suppe passieren und nochmals aufkochen. Das in dem Rahm verquirlte Mehl unterziehen und alles noch etwa 5 Minuten ziehen lassen. Mit Salz, Pfeffer, Majoran und Muskat würzen und mit feingehackter Petersilie bestreuen.

Kässuppe

1 l Fleischbrühe, 3 Eßlöffel Mehl, 50 g Butter, 200 g geriebener Emmentaler Käse, 1 Eigelb (mit etwa 3 Eßlöffeln Milch verrührt), Salz, Pfeffer, Zucker, 2 Tassen Weißbrotwürfel, Butter

Das Mehl wird in der Butter geröstet und mit der Fleischbrühe aufgegossen. Die Suppe aufkochen und den geriebenen Käse einrühren, bis er flüssig ist. Den Topf vom Herd nehmen, mit der Milch-Eigelb-Masse legieren. Mit Salz, Pfeffer und wenig Zucker würzen. Die Weißbrotwürfel in Butter rösten und auf die Suppe geben. Sofort servieren.

Hirnsuppe

500 g Hirn, 1½ l Fleischbrühe, 4 Eßlöffel Butter, Mehl, 2 Zwiebeln, Petersilie, 2 Eßlöffel saurer Rahm, Salz, Pfeffer, Muskat, 2 Eigelb, 2 Eßlöffel Sherry

Hirn blanchieren und grob hacken. Feingeschnittene Zwiebeln und Petersilie in heißer Butter andünsten, mit Mehl bestäuben und mit Fleischbrühe ablöschen. Hirn zufügen und 15 Minuten schwach kochen lassen. Mit Salz, Pfeffer und Muskat abschmecken, den Rahm zugeben und mit dem Eigelb legieren. Kurz vor dem Servieren mit Sherry verfeinern.

Flädlesuppe

250 g Mehl, 3 Eier, 1/4 l Milch, 1 Prise Salz, Backfett, 1–1 1/2 l Fleischbrühe, Muskat, Schnittlauch

In das Mehl die Milch und die Eier einrühren, Salz zugeben. Den Teig zum Quellen für kurze Zeit beiseite stellen. Dann in einer – nicht zu heißen – Pfanne etwas Fett zergehen lassen. Sobald das Fett heiß ist, gießt man den flüssigen Teig in die schräg gehaltene Pfanne, so daß der ganze Boden dünn bedeckt ist. Die Flädle von beiden Seiten goldgelb backen. Danach zusammenrollen und in feine Streifen schneiden. Die Flädle in die heiße Fleischbrühe geben, eventuell mit Muskat würzen und mit Schnittlauch bestreut servieren.

Einlaufsuppe

2 Eier, 2 Eßlöffel Mehl, Salz, Muskat, 1 1/4–1 1/2 l Fleischbrühe, Schnittlauch

Die Eier mit dem Mehl gut verrühren, mit Salz und Muskat würzen. Langsam in die kochende Fleischbrühe einlaufen lassen. Die Suppe wird mit Schnittlauchröllchen bestreut und sofort serviert.

Leberknödel-Suppe

300 g Rinderleber, 1 Zwiebel, 2 Eier, 1 Eßlöffel Majoran, 2 Brötchen, Petersilie, Salz, Pfeffer, Semmelbrösel, 1 1/2 l Fleischbrühe

Die Rinderleber häuten, durch den Fleischwolf treiben, mit der geriebenen Zwiebel, dem Majoran, den Eiern, den eingeweichten Brötchen und der Petersilie mischen, mit Salz und Pfeffer würzen und unter Zugabe von Semmelbröseln zu einem

Teig kneten. Knödel formen und in der siedenden Fleischbrühe gar ziehen lassen, bis die Knödel an die Oberfläche kommen. Sofort in der heißen Fleischbrühe servieren.

Brätknödelsuppe

300 g Brät, 1/8 l Milch, 60 g Butter, 1 Eßlöffel gewiegte Petersilie und Zwiebel (vermischt), 2 Eier, Semmelbrösel, Salz und Muskat, 1 1/2 l Fleischbrühe, Schnittlauch

Das Brät wird mit der Milch gut abgerührt. Butter in einem Pfännchen zerlaufen lassen und die Petersilien-Zwiebel-Mischung dazugeben. Dann dem Brät zufügen und mit den Eiern gut unterrühren. Etwas Semmelbrösel zugeben, damit der Teig nicht zu dünn ist. Mit Salz und Muskatnuß würzen. Dann formt man mit einem Löffel kleine Knödel, legt sie in die siedende Fleischbrühe und läßt sie 15 Minuten ziehen. Mit Schnittlauch bestreut servieren.

Markklößlesuppe

60 g Butter, 2 Eier, Petersilie, 200 g in Wasser eingeweichte Semmeln, 1 Tasse feingewiegtes Rindermark, Salz, 1 l Fleischbrühe, Schnittlauch

Die Butter mit 2 Eidottern (Eigelb) verrühren, etwas feingewiegte Petersilie zugeben. Die ausgedrückten Semmeln, das Rindermark und etwas Salz unterrühren. Das Eiweiß steif schlagen und unter den Teig heben. Nun mehlt man die Hände und formt nußgroße Knödel. Nur 5 Minuten in der Fleischbrühe kochen und mit feinem Schnittlauch servieren.

Backspätzle-Suppe

4 Eier, 300 g Mehl, 1/8 l Milch, Salz, Fett zum Ausbacken, 1 l Fleischbrühe, Muskat, Schnittlauch

Die Eier mit dem Mehl, der lauwarmen Milch und etwas Salz gut zu einem zähflüssigen Teig verrühren und mit Hilfe des Spätzlehobels in das heiße Fett gleiten lassen. Wenn die Spätzle goldgelb gebacken sind, mit dem Schaumlöffel herausnehmen und trocknen lassen.

Die Backspätzle in eine Suppenterrine geben (oder gleich in die Suppenteller verteilen), mit heißer Fleischbrühe auffüllen, würzen und mit Schnittlauchröllchen bestreut servieren.

Die Festtags- oder Hochzeitssuppe

gehört zu jedem Festessen, ganz besonders aber zu jedem Hochzeitsmahl. Sie bedarf einer ausgezeichneten Fleischbrühe und enthält immer mehrere Einlagen. In der Regel sind es Leberknödel, Brätknödel, Markklößchen und Backspätzle.

Dieses „Gedicht von einer Suppe" gibt es aber nicht nur bei festlichen und freudigen Anlässen, es wird häufig auch zum Leichenschmaus serviert.

Riebelesuppe

150 g Mehl, 1 Ei, 1 Eßlöffel Wasser, Salz, 1½ l Fleischbrühe, Muskat, Schnittlauch

Aus Mehl, Ei, Wasser und etwas Salz einen festen Nudelteig machen und diesen mit dem Reibeisen auf das Backbrett reiben. Die Riebele trocknen lassen, dann ca. 5 Minuten in Salzwasser kochen, abseihen und in die heiße Fleischbrühe geben. Mit Muskat würzen und mit Schnittlauch bestreut servieren.

Mostsuppe

1–1½ l Most (eventuell etwas verdünnt), 50 g Fett, 4 Eßlöffel Mehl, 30 g Zucker, 1 Prise Salz, ½ Zitrone, 2 Eigelb, angeröstete Brotwürfel

Das Mehl in dem heißen Fett anbräunen und mit dem Most ablöschen. Mit der abgeriebenen Schale und dem Saft der Zitrone, dem Zucker und Salz würzen. Kurz aufkochen und den Topf vom Feuer nehmen. Mit dem verquirlten Eigelb die leicht abgekühlte Suppe legieren und mit den Brotwürfeln servieren.

Gebackene Fischklößchen

Ca. 300 g Hecht oder Weißfisch, 1 Schalotte, etwas Zitronensaft, Petersilie, 50 g Butter, 2 Eier, ¼ l Milch, 2 Eßlöffel Semmelbrösel, 1 gestrichener Teelöffel Salz, Muskat, Pfeffer, Fett zum Ausbacken

Der Fisch wird enthäutet, gewaschen, entgrätet und mit der Schalotte, Zitronenschale und Petersilie fein gewiegt. Dann rührt man die Butter schaumig und hebt sie unter die Fischmasse, gibt die Eier dazu und gießt unter ständigem Rühren nach und nach die Milch daran. Zuletzt rührt man vorsichtig die Semmelbrösel unter, würzt mit dem Salz, etwas Muskat und wenig Pfeffer und läßt die Masse einige Zeit stehen, damit die Geschmackszutaten zur Entfaltung kommen. Mit einem Löffel nimmt man so viel Teig, als man zu einem Klößchen nötig hat, und wendet dieses in Mehl. Nachdem alle Klößchen geformt sind, werden sie in schwimmenden Fett gebacken.

In der Fastenzeit werden die Fischklößchen ungebacken in einer **Wurzelbrühe** aufgekocht.

Wilhelm Busch meint dazu:
„Man rechnet meistens zu den Lasten
Das kirchliche Gebot der Fasten;
Man fastet, weil man meint, man muß.
Für manchen aber war's Genuß!"

Notizen und weitere Rezepte au

ugsburg

Fleisch- und Wildgerichte

ügſtbürg Zum H: Geiſt genant

Schweineschaufelbraten

(für 8 Personen)

2 kg Schweineschulter mit Schwarte, 1 Knoblauchzehe, Salz, Pfeffer, 2 Eßlöffel Schweineschmalz, 2 große Zwiebeln, ½ l Fleischbrühe

Die Schwarte der Schweineschulter am besten gleich vom Metzger rautenförmig einschneiden lassen. Das Fleisch mit der zerdrückten Knoblauchzehe, Salz und Pfeffer aus der Mühle kräftig einreiben und eine Zeitlang stehen lassen, damit die Gewürze einziehen können. Anschließend das Schmalz in einem Bräter erhitzen. Das Fleisch und die grobgeschnittenen Zwiebeln hineinlegen und im vorgeheizten Backofen bei 220 Grad ca. 1½ Stunden braten. Während der Garzeit nach und nach die Fleischbrühe aufgießen. Häufiges Übergießen des Bratens mit dem Bratensaft verhindert sein Austrocknen. Nach Ende der Bratzeit den Backofen auf die höchste Stufe schalten, den Braten mit etwas kaltem Salzwasser begießen, damit die Schwarte schön knusprig wird, und noch ca. 10 Minuten bräunen lassen. Den Bratenfond mit etwas Brühe loskochen, durch ein Sieb geben und abschmecken.

Diesen Braten serviert man am besten mit rohen Kartoffelknödeln, mit Semmelknödeln oder Kartoffelpüree.

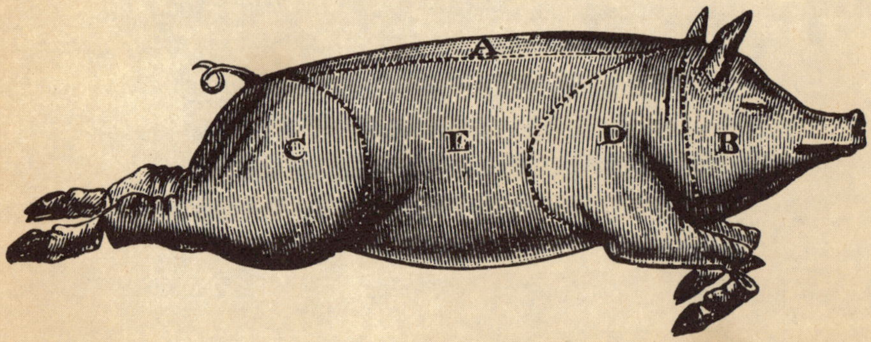

Senfbraten mit Thymiankruste

(für 8 Personen)

1 Schinkenbraten mit Schwarte (ca. 2 kg), 4 Eßlöffel Öl, 1 l Fleischbrühe, 3 Eßlöffel scharfer Senf, 2 Eßlöffel brauner Zucker, 1/8 l Malzbier, 4 Eßlöffel getrockneter Thymian

Die Schwarte des Schinkens vom Metzger kreuzförmig einritzen lassen. Öl in einem Bräter erhitzen, den Schinken mit der Schwarte nach unten in den Topf legen und anbraten. Den Schinken für 2–2½ Stunden in den auf 175 bis 200 Grad vorgeheizten Ofen schieben und in Abständen mit Fleischbrühe begießen, damit er nicht austrocknet. Inzwischen Senf, Zucker, Malzbier sowie Thymian verrühren. 30 Minuten vor Ende der Garzeit die Oberfläche des Schinkens mit dieser Beize bestreichen.

Dazu passen sehr gut Bratkartoffeln und Salate der Saison.

Schlachtplatte

750 g Sauerkraut, 750 g Schweinebauch, 4 Blut- und 4 Leberwürste, 1 Zwiebel, 50 g Schweineschmalz, Fleischbrühe, 1 Teelöffel Kümmel, 10 Wacholderbeeren, 1 Lorbeerblatt

Die Zwiebel in kleine Würfel schneiden und in heißem Schweineschmalz glasig werden lassen. Mit einem Schuß Fleischbrühe ablöschen, das Sauerkraut und den Schweinebauch dazugeben. Nach ca. 20 Minuten den Kümmel, die Wacholderbeeren und das Lorbeerblatt hineintun und nochmals ca. 20 Minuten garen. Zum Schluß die Blut- und Leberwürste obenauf legen und vorsichtig erhitzen, damit die Haut nicht platzt. Alles auf einer vorgewärmten Platte anrichten und mit Spätzle oder Kartoffelpüree servieren.

Häufig umfaßt das Schlachtplattengericht auch noch Leberknödel.

Kalbsnierenbraten

(für 8 Personen)

2 kg gerollter Kalbsnierenbraten, Salz, frisch gemahlener weißer Pfeffer, 2 Zwiebeln, 1 Knoblauchzehe, 2 Möhren, 2 Tomaten, 6 Eßlöffel Öl, ½ l heißes Wasser, 2 Lorbeerblätter, 1 Stück unbehandelte Zitronenschale, 10 getrocknete Pilze (Champignons), 1 Eßlöffel Mehl

Fleisch mit Salz und Pfeffer einreiben. Zwiebeln sowie Knoblauchzehe schälen und in grobe Stücke schneiden. Möhren putzen, waschen und zerkleinern. Öl erhitzen, den Braten darin rundherum anbraten. Zwiebel-, Knoblauchzehen- und Möhrenstücke sowie in Würfel geschnittene Tomaten zufügen. Alles 5 Minuten unter Wenden braten. Mit dem Wasser aufgießen. Lorbeerblätter, Zitronenschale und Champignons dazugeben. Im vorgeheizten Backofen bei 200 Grad ca. 1½ Stunden schmoren. Hin und wieder mit der Bratenflüssigkeit begießen.

Den Braten aus dem Bratfond nehmen und noch 15 Minuten ruhen lassen. Bratfond mit wenig Wasser ablöschen, dann passieren und mit in wenig Wasser angerührtem Mehl binden. Den Braten in Scheiben schneiden und auf einer vorgewärmten Platte servieren, die Soße getrennt reichen.

Beilage: Kartoffelpüree und in Butter geschwenktes Gemüse.

Gefüllte Kalbsbrust

1 kg Kalbsbrust, Salz, Pfeffer, Butter zum Braten, ½ l Fleischbrühe, 2 Eßlöffel saurer Rahm
Für die Füllung: 400 g Kalbsbrät, 2 Brötchen, 2 Eier, Salz, Pfeffer, Muskat, 2 Zwiebeln, Petersilie, Butter

Die Kalbsbrust vom Metzger zum Füllen vorbereiten lassen. Die Brötchen in kleine Würfel schneiden und kurz in heißer Butter rösten. Brät, Brötchenwürfel, Eier, Salz, Pfeffer und

Muskat mischen und die in heißer Butter kurz gedämpften Zwiebelwürfel sowie die gehackte Petersilie zugeben. Alles gut vermengen und abschmecken. Die Kalbsbrust nicht zu fest füllen und gut zunähen. Mit Salz und Pfeffer einreiben und in einen Bräter legen. Mit heißer Butter übergießen und in den vorgeheizten Backofen geben. Die Fleischbrühe angießen und die Kalbsbrust unter häufigem Begießen garen, bis sie eine schöne goldbraune Kruste bekommt (ca. 1½–2 Stunden). Die Kalbsbrust herausnehmen und, nachdem der Faden entfernt worden ist, in Scheiben schneiden, dann warm stellen. Bratenfond lösen und mit Rahm verfeinern. Getrennt zum Fleisch servieren. Butternudeln und zarte Gemüse der Saison sind dazu gute Beilagen.

Die Kalbsbrust kann im Sommer – nur mit frischen Salaten – auch kalt serviert werden.

Kalbshaxe, gebraten

1 Kalbshaxe von ca. 1½ kg, Salz, frisch gemahlener Pfeffer, 40 g Butterschmalz, 1 Zwiebel, 2 Karotten, 2 Tomaten, 2 Knoblauchzehen, ⅜ l Fleischbrühe oder Wasser

Die Kalbshaxe waschen, abtrocknen, mit Salz und Pfeffer einreiben und in heißem Butterschmalz rundum anbraten. Das Gemüse putzen, klein schneiden und kurz mit anrösten. Mit Fleischbrühe oder Wasser angießen und ca. 1½ Stunden garen. Während des Bratens öfter mit Fleischbrühe oder Wasser begießen und die Brathitze langsam vermindern. Die Haxe herausnehmen und warm stellen. Den Bratensaft beim Anrichten durch ein Sieb über die Haxe gießen.

Dazu kann man warmen Kartoffelsalat, mit heißen Speckwürfeln angemacht, servieren.

Rinderbrust mit Käsekruste

1 kg gut abgehangene Rinderbrust, Salz, Pfeffer, Fett zum Anbraten, ½ l Fleischbrühe, 250 g feinblättrig geschnittene Champignons, 150 g Semmelbrösel, 100 g geriebener Käse, 50 g Butterflöckchen, 2 Eßlöffel saurer Rahm

Rinderbrust kräftig im Salz und Pfeffer einreiben, die Gewürze eine Zeitlang einziehen lassen. Mit der Fettschicht nach oben in einen Bräter legen und in heißem Fett kurz anbraten. In den vorgeheizten Backofen geben und mit der Brühe angießen. Nach ca. 1 Stunde die Champignons zufügen sowie die Semmelbrösel-Käse-Mischung auf die Fettschicht des Bratens streuen und gut andrücken. Mit reichlich Butterflöckchen belegen und auf der obersten Schiene des Backofens fertig garen, bis die Schicht schön goldgelb und knusprig ist; das dauert noch einmal 30 Minuten. Fleisch herausnehmen, in Scheiben schneiden und auf einer vorgewärmten Platte warm stellen. Bratenfond loskochen und mit dem Rahm verfeinern.

Mit Salzkartoffeln und Ackersalat reichen.

Ochsenbrust mit Meerrettichsoße

1 kg Ochsenbrust (entbeint), 4 Eßlöffel geriebener Meerrettich, 1 Bund Suppengrün, Salz, 2 Eßlöffel Butter, 2 Eßlöffel Mehl, ½ Becher Rahm

Fleisch in kochendes Salzwasser geben und mit dem Suppengrün in knapp 2 Stunden garen. Aus Butter, Mehl und etwas abgeschöpfter Fleischbrühe eine helle Soße bereiten und den Meerrettich unterziehen. Mit dem Rahm binden und zu der in Scheiben geschnittenen Ochsenbrust reichen.

Beilage: Salzkartoffeln.

Gefüllte Gans

(für 8 Personen)

1 frische Gans (ca. 3 kg), Salz, Pfeffer
Für die Füllung: 50 g Semmelstückchen, 6 Eßlöffel Milch, 250 g Rinderhackfleisch, 1 Ei, 1 Eßlöffel edelsüßes Paprikapulver, ¼ Teelöffel Knoblauchpulver, 1 Eßlöffel gerebelter Salbei, Salz, Pfeffer

Gans unter kaltem Wasser innen und außen abspülen, trocken tupfen, salzen und pfeffern. Semmelstücke in Milch einweichen, mit Hackfleisch und Ei vermischen, mit Paprika- und Knoblauchpulver sowie mit Salbei, Salz und Pfeffer würzen. Gans füllen, mit einem Faden zusammennähen und Keulen zusammenbinden. In die Fettpfanne legen, mit wenig Wasser angießen und im vorgeheizten Backofen bei 200 Grad ca. 2½ Stunden braten. Dabei immer wieder mit der Gabel in die Gans stechen und mit dem austretenden Fett begießen.

Am besten schmeckt die Gans mit rohen Kartoffelknödeln und Blaukraut.

Gefüllte Tauben

4 Tauben, Leber und Herzen der Tauben, 1 Zwiebel, Petersilie, 2 Semmeln, ¼ l Milch, 2 Eier, 100–125 g Butter, Salz, Pfeffer, Muskat

Die Tauben werden gewaschen und trocken getupft. Die Semmeln in Milch einweichen. Inzwischen werden Leber und Herz mit Petersilie und Zwiebel fein gewiegt, dann in Butter gedünstet. Diese Mischung wird zu den ausgedrückten Semmeln gegeben, zusammen mit den Eiern und einem Stückchen Butter. Alles gut unterrühren, mit Salz, Pfeffer und Muskat würzen, in die Tauben füllen und dann zunähen. Mit sehr wenig Salz und Pfeffer vorsichtig einreiben und in eine Kasserolle geben. Mit heißer Butter übergießen und ca. 45 Minuten bei fleißigem Begießen im Backofen braten.

Stangenweißbrot und verschiedene Salate dazu reichen.

Rehkeule

1 gespickte Rehkeule (ca. 1½ kg), Salz, Pfeffer, 10 Wacholderbeeren, 1 Tasse Pflanzenöl, ½ l Fleischbrühe, 1 Becher saurer Rahm, 1 Eßlöffel Speisestärke, ⅛ l Rotwein, Senf, 1 Eßlöffel Preiselbeergelee

Rehkeule mit Salz, Pfeffer und zerdrückten Wacholderbeeren einreiben, in einem Bräter in heißem Öl von allen Seiten anbraten und mit ¼ l Fleischbrühe ablöschen. Topf in den vorgeheizten Backofen schieben und das Fleisch bei guter Hitze ca. 1½ Stunden garen. Je nach Bedarf etwas Fleischbrühe zugießen. Den Braten gelegentlich umdrehen und mit dem Bratenfond übergießen. Das gegarte Fleisch herausnehmen und warm stellen. Den Fond mit restlicher Fleischbrühe lösen und aufkochen. Speisestärke in dem Rahm verrühren und die Soße damit binden. Soße mit Rotwein, Senf und Preiselbeeren abschmecken und getrennt zur ausgebeinten, in Scheiben geschnittenen Rehkeule servieren.

Als Beilage passen ausgezeichnet Semmelknödel mit Pfifferlingen und Ackersalat.

Wildschweinrücken

1 kg Wildschweinrücken (ohne Knochen), 1 Eßlöffel Senf, 1 Teelöffel Salz, 1 Teelöffel Pfeffer, 2 Eßlöffel Schweineschmalz
Für die Soße: 4 Eßlöffel Orangensaft, feine Streifen von ungespritzter Orangenschale (hauchdünn geschält), 250 g Hagebuttenkonfitüre, 1 Eßlöffel Zitronensaft, 2 cl Cognac, Pfeffer

Senf, Salz und Pfeffer verrühren und den Wildschweinrücken damit gut einreiben. Die Würze 2 Stunden einwirken lassen. Danach den Braten in heißem Schweineschmalz von allen Seiten gut anbraten, mit etwas Wasser ablöschen und etwa 1½ Stunden im Ofen garen. Gelegentlich mit Bratenfond begießen. Für die Soße die Orangenschalenstreifen in 2 Eßlöffeln Orangensaft weich dünsten. Hagebuttenkonfitüre mit dem restlichen Orangensaft, mit Zitronensaft und den Streifen der Schale verrühren und erhitzen. Mit Cognac und Pfeffer abschmecken. Heiß zum Wildschweinrücken servieren.

Dazu reicht man Kartoffelpüree oder Kroketten und grünen Salat.

Notizen und weitere Rezepte au

ugsburg

Innereien

Curia Augustana, cum turri & area Petrina. Augsbu

ahthaüsz, samt dem Perlachthürn Und Plaz daselbst

Süß-saure Leber

400 g Leber, 1 Zwiebel, 100 g Schinkenspeck, Mehl, Pfeffer, Salz, Zucker, 1 Tasse saurer Rahm, Weinessig

Die enthäutete Leber in feine Streifen schneiden. Die geschnittene Zwiebel in den Speckwürfeln anbraten, die Leber dazugeben, mit etwas Mehl bestäuben und kurz rösten. Das Ganze mit wenig Wasser löschen und einmal aufkochen, dann vom Herd nehmen und mit dem Rahm binden. Mit Salz, Zucker und Pfeffer sowie etwas Essig würzen und sofort mit Salzkartoffeln oder Spätzle servieren.

Saure Nieren

6 Schweinenieren, 2 Eßlöffel Pflanzenfett, 2 Zwiebeln, Mehl, 1/4 l Fleischbrühe, Salz, Pfeffer, Thymian, 2 Eßlöffel Essig, 1 Eßlöffel Butter

Die feingeschnittenen Zwiebeln in heißem Fett anbraten, die in Scheiben geschnittenen Nieren dazugeben. Von allen Seiten kurz anbraten, mit etwas Mehl bestäuben. Mit der Fleischbrühe ablöschen, mit Salz, Pfeffer und wenig Thymian würzen, den Essig beigeben und die Butter unter die Soße ziehen. Kurz alles aufkochen lassen und sofort heiß, am besten mit Reis servieren.

Pikante Schweinenierchen

600 g Schweinenieren, 1 Zwiebel, 1 Eßlöffel Butter, Mehl, 1 kleiner Becher saurer Rahm oder Buttermilch, Salz, Pfeffer

Die vorbereiteten Nieren in dicke Scheiben schneiden und in heißer Butter knusprig anbraten. Zwiebelwürfel dazugeben und glasig dünsten. Dann alles bei geschlossenem Deckel noch einige Minuten dünsten. Mit Salz und Pfeffer würzen, mit etwas Mehl bestäuben und mit dem Rahm oder der Buttermilch löschen. Einmal kurz aufkochen lassen, danach auf einer vorgewärmten Platte sofort servieren.

Dazu kann man frisches Weißbrot, die „Baunza" (Rezept s. S. 57) oder Salzkartoffeln und grünen Salat essen.

Saure Kutteln

700 g Kutteln, 3 Eßlöffel Pflanzenfett, Mehl, 2 Eßlöffel Essig, Gewürzkörner, 1 Lorbeerblatt, Salz, Pfeffer, Zitrone

Aus Fett und Mehl eine hellbraune Mehlschwitze bereiten, mit 1½ l Wasser und dem Essig ablöschen, mit Salz, Lorbeer, Gewürzkörnern und Pfeffer würzen und alles gut durchkochen lassen. Die sehr fein geschnittenen Kutteln dazugeben und 10–15 Minuten weich kochen. Vor dem Servieren mit Zitronensaft abschmecken.

Zu den Kutteln reicht man Semmelknödel oder Röstkartoffeln.

Herzscheiben, pikant

2 Kalbsherzen, 1 Eßlöffel Essig, 1 Zwiebel, 2 Nelken, 1 Lorbeerblatt, Majoran, Salz, Pfeffer, 4 Pfefferkörner, 100 g durchwachsener Speck, 2 Eßlöffel Butter, Mehl, ½ l Fleischbrühe, ⅛ l Weißwein

Kalbsherzen in eine Marinade aus Essig, Lorbeerblatt, mit Nelken gespickter Zwiebel, Majoran, Salz und Pfefferkörnern legen. Gut durchziehen lassen. Speck in Scheiben schneiden und in einer Pfanne auslassen. Herzen in dicke Scheiben schneiden und darin auf beiden Seiten kurz anbraten. Die gespickte Zwiebel in Streifen schneiden und mit dazugeben. Mit ¼ l Fleischbrühe aufgießen und alles weich dämpfen. Herzscheiben warm stellen und in einer zweiten Pfanne aus Butter und Mehl eine helle Mehlschwitze bereiten. Mit der restlichen Fleischbrühe aufgießen und einkochen lassen. Die durchgeseihte Herzbrühe dazugießen und mit Salz und Pfeffer würzen. Die Soße mit Weißwein verfeinern und über die Herzscheiben geben. Sofort heiß mit Kartoffelpüree servieren.

Herz, sauer geschmort

800 g Rinderherz, Essig, Salz, Pfeffer, Gewürzkörner, 1 Zwiebel, 1/4 l Fleischbrühe, Suppengrün, 2 Eßlöffel Pflanzenfett, 1 Becher saurer Rahm

Eine Beize aus Essig, Wasser, Salz, Pfeffer, Gewürzkörnern und Zwiebelringen herstellen und einmal aufkochen. Dann über das Herz gießen und gut durchziehen lassen. Fett erhitzen, das halbierte Herz auf allen Seiten anbraten. Das in feine Streifen geschnittene Suppengrün dazugeben und ca. 15 Minuten unter häufigem Wenden dünsten. Mit der Fleischbrühe und einem Teil der Beize löschen. Bei geschlossenem Topf noch ca. 1 Stunde schmoren. Das Herz herausnehmen, warm stellen und die Brühe durch ein Sieb streichen. Aufkochen lassen, mit Salz und Pfeffer abschmecken. Sauren Rahm vorsichtig unter die Soße rühren. Das Herz in Scheiben schneiden und in der Soße servieren.

Als Beilage passen Spätzle und Salate der Saison.

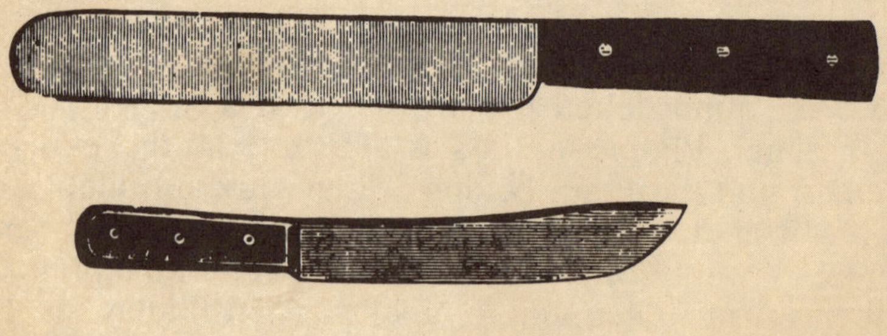

Gefüllte Kalbsmilz

1 Kalbsmilz, Salz, Suppengrün, 1 Zwiebel, Gewürzkörner, 1 Lorbeerblatt, 2 Eßlöffel Pflanzenfett, Mehl, 2 kleine Gewürzgurken, Zitrone
Für die Füllung: 200 g Hackfleisch, 2 Zwiebeln, 100 g Pilze, Petersilie, 100 g durchwachsener Speck, 1 Eßlöffel Kapern, 2 Eier, Semmelbrösel, Salz, Pfeffer, Muskat

In die Milz eine tiefe Tasche schneiden und leicht mit Salz ausreiben. Zur Füllung die Zwiebeln sehr fein hacken, ebenso die Pilze und die Petersilie. Mit den Kapern und den ausgelassenen Speckwürfeln dem Hackfleisch beimengen. Mit den Eiern, Semmelbröseln, dem Salz und Pfeffer und etwas Muskat zu einem Fleischteig verarbeiten und kräftig abschmecken, in die Milz füllen und zunähen. In 1½ l Salzwasser mit Suppengrün, Zwiebelringen, Gewürzkörnern und Lorbeerblatt aufkochen lassen und die Milz darin knapp 2 Stunden langsam gar kochen. Aus dem Sud nehmen und warm stellen. Dem Speckfett noch etwas Pflanzenfett beigeben und eine helle Mehlschwitze bereiten. ½ l Kochbrühe zugießen (vorher durch ein Sieb passieren) und gut durchkochen. Gurken sehr fein würfeln und noch kurz in der Soße ziehen lassen. Nachdem der Faden entfernt wurde, die Milz in Scheiben schneiden und in die Soße legen. Eventuell mit etwas Zitronensaft verfeinern und sofort mit Kartoffelzöpfchen (Rezept s. S. 58) oder Salzkartoffeln servieren.

Notizen und weitere Rezepte au

ugsburg

Fisch

Porta Rubra d

er.

Karpfen, gebacken

1 Karpfen, Salz, 100 g Mehl, 2 Eier, Semmelbrösel, 100 g Butter, 3 Eßlöffel Öl, Zitrone und Petersilie

Der Karpfen wird geschuppt, gewaschen und in dreifingerbreite Stücke geschnitten. Alle Stücke gut einsalzen und 1 Stunde beiseite stellen. Dann werden die Stücke trocken getupft, in Mehl gewendet, in die verquirlten Eier getaucht und mit Semmelbröseln paniert in der heißen Butter-Öl-Mischung gebacken. Auf einer vorgewärmten Platte, mit Zitronenschnitzen und Petersilie garniert, mit Kartoffeln und grünem Salat als Beilage servieren.

Man kann die Karpfenstücke auch in heißem Fett schwimmend ausbacken.

Gebackene Weißfische

4 Weißfische, 1 Zitrone, 200 g Butter, Salz, Pfeffer, reichlich Petersilie, 100 g Mehl, Fett zum Ausbacken, 2 Zitronen und Petersilie zum Garnieren

Die gesäuberten und geschuppten Fische werden mit Zitronensaft beträufelt. Den Zitronensaft etwas einziehen lassen, dann die Fische mit Salz und Pfeffer innen und außen würzen. Die Butter in 4 Teile schneiden und je 1 Stück, zusammen mit reichlich Petersilie, in die Fische geben. Die Fische in Mehl wenden und in einer großen Pfanne in heißem Fett ausbacken. Mit Petersilie und Zitronenscheiben garnieren, mit Salzkartoffeln oder Kartoffelsalat und grünem Salat servieren.

Augustus Augustæ, et Decus fontis sui.
I.
IMP. CÆS.
DIVI. F
AUGUSTO
PARENTI
COLONIA
AUGUSTA
VINDEL.
II.
POSITA
ANNO. A CHR NA
TO.
MD XCIII.
IMP. CÆS. RUDOL,
PHO. P.F. AUG.
III.
ANNO.
A COL.
DED.
MDCV.
IOAN VEL.
SERUS
II VIR
PROBA.
VIT.
Der Brun, so von August den grossen Nahmen hat,
Ziehrt seinen Perlenplaz ja ganz Augustus statt.

Forelle mit Zitronensoße

4 Forellen, 1 Tasse heißer Essig, 1 Lorbeerblatt, einige Pfeffer- und Wacholderbeeren, Salz und Essig für den Sud, Zitronen und Petersilie zum Garnieren
Für die Zitronensoße: 1 Zitrone, 3 Schalotten, 100 g Butter, Mehl, Fleischbrühe, Muskat

Die Forellen sehr vorsichtig waschen, damit der Schleim nicht verletzt wird. Dann werden sie am Oberkiefer und Schwanzende mit einem Faden zusammengebunden und mit dem heißen Essig übergossen. Danach die Fische in einen heißen Sud aus Salzwasser, Essig, Lorbeerblatt, Pfeffer- und Wacholderbeeren geben und ca. 10 Minunten ziehen lassen.

Für die Zitronensoße schneidet man die Schale einer halben Zitrone ganz klein und wiegt das Mark der ganzen Zitrone – ohne Haut und Körner – zusammen mit den Schalotten fein. In einem kleinen Topf wird die Butter zerlassen, mit etwas Mehl bestäubt und darin das Gewiegte und die kleingeschnittene Zitronenschale kurz gedämpft. Es wird mit so viel Fleischbrühe und ein paar Eßlöffeln von dem Fischsud aufgegossen, wie die Soße erfordert. 15 Minuten kochen. Die Forellen werden auf einer vorgewärmten Platte serviert, mit Zitronenscheiben und Petersilie garniert. Die Zitronensoße wird getrennt dazu gereicht.

Beilagen: Salzkartoffeln und grüner Salat.

Stockfisch

1 kg Stockfisch (Kabeljau), 150 g Butter, 3 Schalotten, 2–3 Eßlöffel Semmelbrösel, Salz

Der Stockfisch muß schön weiß sein. Er wird gut gewässert, dann in kochendes Salzwasser gegeben, aufgekocht und beiseite gestellt. Nach einiger Zeit seiht man ihn ab, legt ihn auf eine vorgewärmte Platte und entfernt so gut wie möglich die Gräten. Dann macht man in einem Pfännchen die Butter heiß, gibt die feingeschnittenen Schalotten hinein und röstet sie unter ständigem Rühren goldgelb. Nun kommen noch die Semmelbrösel dazu. Wenn alles schön braun geröstet ist, wird es über den Stockfisch gegossen.

Mit körnig gekochtem Butterreis und Salaten der Saison servieren.

Stockfisch

Willst weiße Stockfisch auf den Tisch,
So siede gleich mit Salz den Fisch;
Doch nur bis man auf fünfzig zählt,
Sonst ist der ganze Witz verfehlt.
Gieß's Wasser ab, zieh' d' Gräte aus,
Schneid' Zwiebel, Petersilien klein, –
Sardellen, harte Eier drein,
Kapern und Citronenschalen,
Muskat und Pfeffer fein gemahlen.
Streu' etwas feine Brösel drauf
Und leg' die Fische obenauf.
Du mußt mit allen diesen Sachen
Gelegweis immer fort machen;
Doch oben lege Butter an
Und gieß' ein wenig Fleischbrüh' d'ran.
Das Ganze setz' auf Kohlen,
Der Aufsicht anbefohlen.

(aus einem alten Kochbuch von Großmutter Berger)

Notizen und weitere Rezepte au

ugsburg

Beilagen, die auch selbständig

Forum frumentarium et Domus Te

ssen sein können

Kartoffelsalat

1½ kg Salatkartoffeln, 1 Zwiebel, ¼ l Fleischbrühe, 4 Eßlöffel Essig, 5–6 Eßlöffel Öl, Salz, Pfeffer, 1 Teelöffel Senf

Die Kartoffeln in der Schale kochen, mit kaltem Wasser abschrecken und noch heiß schälen. In dünne Scheiben schneiden und in eine Schüssel geben. Zwiebel sehr fein schneiden (würfeln), auf die Kartoffelscheiben geben und mit der heißen Brühe übergießen. Gut 10 Minuten ziehen lassen. In der Zwischenzeit aus Senf, Salz, Pfeffer, Essig und Öl eine Marinade herstellen, über die Kartoffeln gießen und vorsichtig mischen. Eventuell noch etwas Fleischbrühe zugeben; der Salat sollte gut feucht sein.

Den Kartoffelsalat kann man sehr gut abändern, indem man eine in dünne Scheiben geschnittene Salatgurke oder feingeschnittenen Endiviensalat untermischt.

Gurken-Rettich-Salat

1 Salatgurke, 1 großer oder 2 mittelgroße Rettiche, weißer Essig, Öl, Salz, Pfeffer, Senf

Die Gurke schälen und hobeln, den Rettich säubern, etwas abschaben und ebenfalls hobeln. Von Essig, Öl, Salz, Pfeffer und Senf eine nicht zu scharfe Salatsoße zubereiten und über die Gurke und den Rettich geben. Alles gut vermischen, kurz ziehen lassen und servieren.

Dieser Salat schmeckt gut zu kaltem Schweinebraten oder auch einfach zu einem deftigen Bauernbrot mit Butter.

Kopfsalat mit Speck

1–2 Köpfe grüner Salat (je nach Größe), 150 g durchwachsener geräucherter Speck, Salz, Pfeffer, 2–3 Eßlöffel Essig

Der Salat wird geputzt, gewaschen und in einen Seiher zum Abtropfen gegeben. Den Speck in kleine Würfel schneiden und in einer Pfanne goldgelb rösten. Der Salat wird in einer Schüssel mit Salz, Pfeffer und Essig angemacht. Den warmen Speck mit dem ausgelassenen Fett darübergießen, kurz mischen und sofort servieren.

Ackersalat

300 g Ackersalat, 1 Zwiebel, ½ Knoblauchzehe, Essig, Öl, Salz, Pfeffer, Senf

Der Ackersalat wird sauber gewaschen. Die kleinen Wurzeln schneidet man ab und trocknet ihn dann in einem Tuch oder in der Salatschleuder. Mit der Knoblauchzehe wird die Salatschüssel ausgerieben und der Salat locker hineingegeben, darauf die Zwiebelwürfel. Aus Essig, Öl, Salz, Pfeffer und etwas Senf eine nicht zu scharfe, sämige Salatsoße schlagen und vorsichtig unter den Salat mischen.

Spätzle

400 g Mehl, 3 Eier, Salz, ¼ l Wasser, 1 Eßlöffel Öl

Von Mehl, Eiern und wenig Salz einen Teig anrühren, das Wasser zufügen, dabei je nach Größe der Eier eventuell etwas weniger Wasser nehmen. Der Teig soll glatt und nicht zu fest sein. Den Teig weiterbearbeiten, bis er Blasen wirft. Einen großen Topf zur Hälfte mit Salzwasser füllen, zum Kochen bringen und das Öl hineingeben. Einen Teil des Teiges in den Spätzlehobel füllen und die Spätzle ins kochende Wasser hobeln (schaben). Wenn die Spätzle an der Oberfläche schwimmen, mit einem Schaumlöffel herausnehmen und warm stellen. Nach und nach den ganzen Teig verarbeiten.

Eine traditionelle Beilage zu vielen Gerichten.

Kässpätzle

Für die Spätzle: 400 g Mehl, 3 Eier, Salz, 1/4 l Wasser, 1 Eßlöffel Öl

Außerdem: 150 g geriebener Emmentaler Käse, 50 g Butter, 2 große Zwiebeln

Die Spätzle nach dem Spätzlerezept zubereiten. Die Zwiebeln klein schneiden und in der Butter goldgelb rösten. In eine vorgewärmte Schüssel gibt man eine Lage Spätzle, darüber streut man einen Teil vom geriebenen Käs und macht so weiter, bis alles aufgebraucht ist. Die letzte Lage sollte Käs sein. Darüber gibt man die heißen Zwiebelwürfel mit der Butter. Sofort servieren, da die Kässpätzle sehr warm gegessen werden sollten. Dazu grünen Salat reichen.

Krautspatzen

Die Zubereitung erfolgt genau wie bei den Kässpätzle, nur wird statt Käs feingeschnittenes und gekochtes Sauerkraut genommen.

Krautkrapfen

375 g Mehl, 2 Eier, 2 Eiweiß, Salz, 50 g Butterschmalz, 200 g durchwachsener Speck, 500 g Sauerkraut, 1 große Zwiebel, 2 Nelken, 1 Lorbeerblatt, 5 Wacholderbeeren, Fett für den Topf

Das Mehl mit den Eiern, mit Eiweiß, Butterschmalz, einer Prise Salz und unter Zugabe von etwas Wasser zu einem geschmeidigen Teig verkneten. Ca. 30 Minuten ruhen lassen. In der Zwischenzeit den Speck fein würfeln und in einer Pfanne anbraten, bis er glasig ist. Das Kraut, die mit den Nelken gespickte Zwiebel, das Lorbeerblatt, die zerdrückten Wacholderbeeren, Salz und etwas Wasser dazugeben und köcheln lassen. Nun den Teig auf einem Küchentuch dünn zu einem Rechteck auswallen. Lorbeerblatt und Zwiebel aus dem Kraut nehmen, das dann auf dem Teig verteilt wird. Den Teig mit Hilfe des Tuches aufrollen und in ca. 6 cm lange Stücke schneiden. Die Krautkrapfen in einen gut eingefetteten Bratentopf dicht nebeneinander setzen. Wasser 3 cm hoch einfüllen und zugedeckt im vorgeheizten Backofen bei 200 Grad etwa 20–25 Minuten dämpfen. Während der letzten 4–5 Minuten den Deckel abnehmen.

„Baunza" (Kartoffelnudeln)

300 g 1–2 Tage alte, gekochte Kartoffeln, 300 g Mehl, 1 Ei, 1 Prise Salz, Muskat, Backfett

Die Kartoffeln durch den Fleischwolf drehen oder durch die Kartoffelpresse drücken und mit dem Mehl, dem Ei sowie Salz und etwas Muskat zu einem Teig kneten. Daraus auf einer bemehlten Unterlage fingerdicke, ca. 5 cm lange, an den Enden spitz zulaufende Nudeln formen. In kochendes Wasser geben, aufkochen, dann herausnehmen und trocknen lassen. In heißem Backfett – sehr gut ist Butterschmalz geeignet – goldgelb rösten.

Die „Baunza" werden sehr gerne mit Sauerkraut gegessen. Sie sind aber auch eine ausgezeichnete Beilage zu Fleischspeisen.

Kartoffelzöpfchen

500 g Mehl, 1 Teller gekochte, geriebene Kartoffeln, 2 Eier, 60 g Butter, 25 g Hefe, 1/4 l Milch, Salz, Muskat, Fett zum Ausbacken

Mit etwas Mehl, Milch und der Hefe einen Vorteig machen, dann aus allen Zutaten einen Teig bereiten und aufgehen lassen. Den Teig zu bleistiftdünnen Rollen formen und ca. 10 cm lange Zöpfchen flechten. Nach kurzem erneuten Aufgehen in Fett schwimmend backen und warm als Fleisch- und Gemüsebeilage servieren.

Schupfnudeln

150 g Weizenmehl, 150 g Roggenmehl, 1 Teelöffel Salz, 3 Eier

Man gibt das Mehl auf ein Nudelbrett und macht in der Mitte eine Mulde. Dahinein kommen die Eier, das Salz und Wasser nach Bedarf. Vorsichtig verrühren! Man macht einen mittelfesten Teig, den man so lange knetet, bis er ganz glatt ist. Den Teig zu einer schmalen, etwa fingerdicken Rolle verarbeiten, kleine Scheiben abschneiden und mit dem Handballen zu dünnen Nudeln ausrollen (schupfen). In reichlich Salzwasser ca. 15 Minuten kochen, abgießen und unter kaltem Wasser schwenken.

Man kann die Nudeln in heißer Butter oder Butterschmalz anrösten. Sie werden gerne mit Sauerkraut gegessen, schmecken aber auch mit Salat oder Kompott sehr gut.

Zwetschgen in Essig

2 kg Zwetschgen, ½ l guter Weinessig, 750 g Zucker, 1 Stückchen Zimtstange, einige Nelken

Die Zwetschgen entstielen, mit trockenem Tuch abreiben und mit einer feinen Nadel einige Male einstechen. Dicht nebeneinander in einen Steintopf legen. Zucker mit Essig und Gewürzen aufkochen, erkaltet über die Zwetschgen schütten. Topf mit Pergamentpapier bedecken und zubinden. Nach 5–6 Tagen den Saft nochmals kochen und erkaltet über die Zwetschgen geben.

Feiner sind die Zwetschgen, wenn sie enthäutet werden. Sie passen gut zu Fleisch- und Wildgerichten.

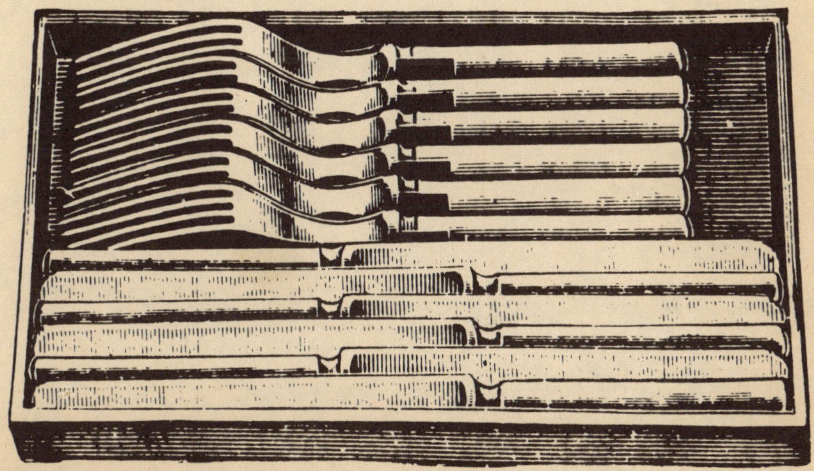

Notizen und weitere Rezepte au

ugsburg

Süßspeisen

Ecclesia Cathedralis B. Mariæ V. cum trium Regum, &

...nplo. Domkirchen, samt H. 3. Konig und S. Johann

Dampfnudeln

Für den Teig: 500 g Mehl, 1/8 l Milch, 125 g zerlassene Butter, 30 g Zucker, 4 Eigelb, 30 g Hefe
Außerdem: 1/4 l Milch, 50 g Zucker, 50 g Butterschmalz

Milch, Butter, Zucker, Eigelb und Hefe zu einem dicken Brei verrühren und auf das Mehl geben. Einen guten Hefeteig bereiten und ca. 2 cm dick auswellen. Mit einem Wasserglas Nudeln ausstechen und – mit einem Tuch bedeckt – an einem warmen Ort aufgehen lassen. In einem entsprechend großen Bratentopf Milch, Zucker, Butterschmalz aufkochen und die Dampfnudeln nicht zu dicht hineinsetzen. Den Deckel sehr fest verschließen, eventuell abdichten, und auf großer Flamme ca. 20 Minuten kochen, dann bei ganz kleiner Hitze so lange weiterkochen, bis die Zuckermilch eingezogen ist. Wenn die Dampfnudeln „krachen", noch etwa 10 Minuten auf dem Herd lassen, dann ganz vorsichtig den Deckel abnehmen, damit sie nicht zusammenfallen.

Zu den Dampfnudeln serviert man Vanillesoße oder Kompott.

Eierhaber

500 g Mehl, 5 Eier (getrennt), Salz, ca. 1/2 l Milch, Backfett, Butter, Puderzucker

Aus Mehl, Milch, Eigelb und wenig Salz einen Pfannkuchenteig herstellen. Eiweiß steif schlagen und unter den Teig heben. Das Fett in einer entsprechend großen Pfanne heiß machen und einen Teil des Teiges hineingeben. Braun anbraten, umdrehen und mit einer Bratschaufel oder 2 Gabeln in kleine Stücke zerreißen. Einige Butterflöckchen dazugeben und alles goldgelb braten. Mit dem restlichen Teig ebenso verfahren.

Der Eierhaber wird mit Puderzucker bestreut serviert. Dazu ißt man Pflaumenkompott oder Apfelmus.

Rohrnudeln

Für den Teig: 500 g Mehl, 70 g Butter, 50 g Zucker, 1 kräftige Prise Salz, 1 Ei, 30 g Hefe
Außerdem: 1/10 l warme Milch, 1 Eigelb, 50 g Butter, Puderzucker

Aus Milch, Butter, Zucker, Salz, Ei und Hefe einen dicken Brei machen und auf das Mehl geben. Einen guten Hefeteig zubereiten und aufgehen lassen. Von dem Teig eigroße Stücke abnehmen und zu runden Nudeln formen. In eine gut gebutterte Kasserolle nebeneinander setzen, in die Zwischenräume etwas zerlassene Butter streichen. Nochmals knapp 20 Minuten aufgehen lassen. Dann mit Eigelb bestreichen und im vorgeheizten Backofen ca. 30 Minuten goldgelb backen. Abkühlen lassen, auseinanderbrechen, mit Puderzucker bestreuen und servieren. Sie schmecken gut zum Kaffee.

Man kann die Rohrnudeln noch verfeinern, indem man sie mit Zwetschgen, Apfelstückchen (mit etwas Zucker und Zimt) oder Weichseln (Sauerkirschen) füllt.

Nonnenfürzle

125 g Mehl, 1/4 l Milch, 50 g Butter, 1 Prise Salz, 1 Eßlöffel Zucker, 3 Eier, Backfett

Man stellt einen Brandteig her, indem die Milch mit Butter und Salz zum Kochen gebracht wird. Dann wird das Mehl und der Zucker hinzugefügt und so lange gerührt, bis sich der Teig vom Topf löst. Den Topf vom Herd nehmen und die Eier unterrühren. Mit einem Teelöffel kleine Knödel formen und in heißem Fett schwimmend goldgelb ausbacken.

Versoffene Jungfern

200 g Mehl, 150 g Zucker, 4 Eier, 4 Eßlöffel heißes Wasser, 2 Teelöffel Backpulver, abgeriebene Schale von ½ ungespritzten Zitrone, Fett zum Ausbacken, Most oder Wein

Eier, Zucker und Wasser schaumig rühren. Das gesiebte Mehl mit Backpulver und Zitronenabrieb vermischen, nach und nach unter die Schaummasse rühren. Mit einem Löffel kleine Teigstückchen ins schwimmende Fett geben und goldgelb backen. Herausnehmen und mit heißem Most oder Wein übergießen.

Apfelküchle

3 Eier, 150 g Mehl, ⅛ l Bier, 1 Prise Salz, Äpfel nach Bedarf, 1–2 Zitronen, Fett zum Ausbacken, 125 g Zucker, 2 Eßlöffel Zimt

Die Eier mit Mehl, Bier und Salz verrühren. 30 Minuten stehen lassen. Äpfel schälen, Kerngehäuse ausstechen und in etwa 1 cm dicke Scheiben schneiden. Mit Zitronensaft beträufeln und in den Teig tauchen. In heißem Fett schwimmend goldbraun backen und noch heiß in der Zucker-Zimt-Mischung drehen.

Die Apfelküchle schmecken auch gut mit Vanillesoße.

Apfelküchle auf andere Art

Für den Teig: 100 g Mehl, Zucker, Weißwein, Schmalz, 3 Eiweiß
Außerdem: Große Äpfel nach Bedarf, Kirschwasser oder Arrak, Zucker, Fett zum Ausbacken, Zucker und eventuell Zimt zum Bestreuen

Äpfel schälen, Kerngehäuse entfernen und in dicke Scheiben schneiden. Mit dem Kirschwasser oder Arrak beträufeln, mit

Zucker bestreuen und ca. 30 Minuten einziehen lassen. Mehl, Zucker nach Belieben und Weißwein zu einem dickfließenden Teig anrühren. Dann wird ein nußgroßes Stück Schmalz heiß gemacht und an den Teig gegossen. Gut unterrühren. Die 3 Eiweiß zu Schnee schlagen und leicht unterheben. Sollte der Teig zu dick sein, kann mit etwas Wein nachgeholfen werden, jedoch mit Vorsicht, damit der Teig nicht von den Äpfeln abläuft.

Die Apfelküchle werden in schwimmendem Fett gebacken, mit Zucker oder Zucker-Zimt-Mischung bestreut warm serviert.

Holderküchle

200 g Mehl, 3 Eier, 1/10 l Milch, 1 Prise Salz, 16–20 Holunderblüten mit Stiel, Fett zum Ausbacken, Zucker

Aus Mehl, Eiern, Milch und Salz einen Pfannkuchenteig bereiten. Die gut gewaschenen Holunderblüten abtropfen lassen, eventuell mit Küchenkrepp abtupfen, in den Teig eintauchen und sofort in dem Fett schwimmend goldbraun ausbacken. Die Holderküchle mit Zucker bestreuen und warm servieren.

Fasnachtsküchle (gezogene Küchle)

500 g Mehl, 45 g Hefe, 80 g Zucker, 1 Prise Salz, 80 g Butter, 1/10 l Milch, 3 Eier, Zucker zum Bestreuen

Hefe und Zucker in etwas lauwarmer Milch anrühren und aufgehen lassen. Nun macht man eine Mulde in die Mitte des Mehls und gibt das Milch-Zucker-Hefegemisch hinein, das als Vorteig nochmals etwa 30 Minuten aufgehen soll. Dann das Salz, den restlichen Zucker, die Butter und Eier sowie die restliche Milch über den Vorteig geben, gut verkneten und schlagen, bis der Teig Blasen bildet. Dann läßt man ihn 1 Stunde mit einem Tuch abgedeckt aufgehen. Anschließend macht man aus dem Teig große, eiförmige Stücke, setzt sie auf ein bemehltes

Brett und läßt sie nochmals 30 Minuten aufgehen. Nun wird der Teig unter ständigem Drehen von der Mitte her nach außen ausgezogen, bis sich außen ein starker, fingerdicker Rand bildet, das runde Innenfeld jedoch sehr dünn wird. Die Küchle werden sofort in Fett schwimmend herausgebacken, bis sie außen goldbraun und in der Mitte goldgelb sind.

Mit Zucker bestreuen und heiß servieren, doch auch ohne Zucker schmecken sie sehr gut.

Zwetschgendatschi

Für den Teig: 500 g Mehl, 30 g Hefe, 80 g Butter, 2 Eier, 1 Prise Salz, 50 g Zucker, 1/8 l Milch, abgeriebene Schale von 1/2 unbehandelten Zitrone
Außerdem: 1 1/2 kg Zwetschgen, etwas Butter fürs Blech, 100 g Zucker, 1 Teelöffel Zimt

Den Hefeteig zubereiten und dünn auswellen. Auf ein gebuttertes Backblech geben und einen kleinen Rand bilden. Die gewaschenen Zwetschgen entsteinen und leicht zu Vierteln einschneiden. Sie werden eng, schräg aneinanderliegend auf den Teig gelegt und bei mittlerer Hitze knapp 45 Minuten gebacken. Der fertige Datschi wird mit Zucker und Zimt bestreut.

Apfeldatschi

Er wird wie der Zwetschgendatschi zubereitet, jedoch mit ca. 2 kg Äpfel, in nicht zu dicke Schnitze geschnitten. Den Teig schuppenartig belegen.

Der Apfeldatschi kann noch verfeinert werden, wenn man ihn vor dem Backen mit Rosinen und Mandelstiften bestreut.

Johannisbeerkuchen

200 g Mehl, 3 Eigelb, 100 g Butter, 100 g Zucker, 1 Teelöffel Backpulver, Butter für die Form
Für den Belag: 3–5 Eiweiß, 100 g Zucker, 2–3 Eßlöffel gemahlene Haselnüsse oder Mandeln (ersatzweise kann auch 1 Eßlöffel Semmelbrösel genommen werden), ca. 750 g frische oder gefrorene Johannisbeeren, Puderzucker zum Bestäuben

Mehl, Eigelb, Butter, Zucker und Backpulver auf ein Backbrett geben und einen Mürbteig kneten. Kalt stellen.

Die Eiweiß steif schlagen, Zucker und Nüsse oder Mandeln unterheben und alles mit den gut abgetropften Johannisbeeren vorsichtig vermischen.

Den Teig auswellen. In eine gut gebutterte Springform einen Boden legen und einen ca. 2–3 cm hohen Rand bilden. Die Johannisbeermischung einfüllen und in dem vorgeheizten Backofen bei 180 Grad ca. 45 Minuten backen. Vor dem Servieren mit Puderzucker bestäuben.

Einfacher Johannisbeernachtisch

In der Johannisbeerzeit wird ein schneller, preiswerter und sehr dekorativer Nachtisch zubereitet.

20–24 möglichst große Johannisbeertrauben, 1–2 Eiweiß, Puderzucker

Die Johannisbeertrauben waschen (nicht abzupfen) und gut abtropfen lassen. Das Eiweiß steif schlagen, die trockenen Johannisbeeren durch den Eischnee ziehen und in genügend Puderzucker wenden, so daß sie ganz mit Zucker bedeckt sind. Auf kleine Teller legen, eventuell mit einem kleinen Zweig Zitronenmelisse oder Pfefferminze dekorieren und servieren.

Einfache Bratäpfel

In der kalten Jahreszeit werden gewaschene, abgetrocknete Äpfel im Backofen oder in der Röhre des Kachelofens gebraten, bis die Haut des Apfels leicht aufreißt. Dazu eignen sich gut die säuerlichen Boskop (Lederäpfel). Die gebratenen Äpfel werden ohne Zucker gegessen.

Notizen

Brotzeiten

Aula Mariana, cum Palatio E

i. Fron-Hoff, samt der Pfalz.

Augsburger Knackwurst

Sie ist das Ergebnis eines 1937 von der Stadt Augsburg ausgeschriebenen Wettbewerbs zur Herstellung einer neuen Augsburger Wurstspezialität. Als Siegerin ging ein kleines, aus Schweinefleisch bestehendes Würstchen von ca. 50 g hervor, das vornehmlich mit Muskatblüte und Zitronenöl gewürzt ist.

Augsburger Knacker

8 Knacker, Mehl, Paprika, gemahlener Majoran, 2 Knoblauchzehen, Öl

Die Würste häuten und der Länge nach durchschneiden. Einige Male einritzen. Mehl, Paprika, Majoran und geriebenen Knoblauch vermengen, die Würste in dieser Mischung wenden. Bratrost mit Öl bestreichen und die Würste darauf knusprig braten. Dazu verschiedene scharfe Soßen und Weißbrot reichen.

Bauern-Wurstsalat

400 g weißer Preßsack, 4 große Tomaten, 2 grüne Paprikaschoten, 2 Zwiebeln, Salz, Pfeffer, Essig, Öl, Majoran, Petersilie

Preßsack in feine Streifen schneiden und die Tomaten achteln. Paprikaschoten und Zwiebeln in Ringe schneiden und alles mit Salz, Pfeffer, Essig, Öl und etwas Majoran kräftig abschmekken. Durchziehen lassen und vor dem Servieren mit feingehackter Petersilie bestreuen.

Wurstsalat

300 g Fleischwurst, 100 g Schweizer Käse, 2 Zwiebeln, 250 g Tomaten, 1 Salzgurke, 3 Eßlöffel Essig, 1 Eßlöffel Senf, 4 Eßlöffel Öl, Salz, Pfeffer

Wurst, Käse, Zwiebeln und Tomaten in feine Streifen, die Salzgurke in feine Scheiben schneiden. Aus den restlichen Zutaten eine Marinade bereiten und mit dem Ganzen vermischen. Kräftig abschmecken und kalt stellen.

Wurst-Brotzeit

4 Scheiben Leberkäse (ca. 1 cm dick), 200 g Weißwurst, 200 g Preßsack (geschnitten), Leber- und Blutwurst, 2 Paar Landjäger, 2 weiße Rettiche, 1 Bund Radieschen, Petersilie

Auf eine Holzplatte den Leberkäs, den Preßsack (schwarzen und weißen) und die anderen Würste der Farbe nach abwechselnd anrichten und die in Streifen geschnittenen „Radi" dazulegen. Mit den Radieschen und der Petersilie garnieren und mit frischen Brezeln und Faßbier servieren.

„Ohne Wurst und ohne Speck
hat das Leben keinen Zweck."

Tellersulz

1 kg Schweinsknöchle, 500 g mageres Schweinefleisch, 1 Schweineschwänzlein, 2 Kalbsfüße, Essig, Salz, Pfefferkörner, 1 Lorbeerblatt, 2 Nelken, 1 hartgekochtes Ei und 2 Essiggurken zum Garnieren

Schweinsknöchle, Schweinefleisch, Schweineschwänzlein sowie Kalbsfüße in genügend Wasser mit Essig, Salz, Pfefferkörnern, Lorbeerblatt und Nelken kalt zum Kochen aufsetzen und ca. 1½ Stunden leise kochen lassen, damit die Brühe klar bleibt. Wenn das Fleisch weich ist, aus dem Sud nehmen, entbeinen, in Scheiben schneiden und in Suppenteller verteilen. Mit Ei- und Essiggurkenscheiben garnieren.

Die Brühe läßt man weiter einkochen, dann erkalten. Das Fett abschöpfen, nochmals erwärmen, abschmecken und durch ein Tuch seihen. Die lauwarme Brühe über das Fleisch gießen (das Fleisch muß ganz bedeckt sein) und erstarren lassen.

Die Sulz ißt man mit Schwarzbrot oder Bratkartoffeln.

Sauer angemachter Preßsack

Diese Brotzeit richtet man am besten portionsweise im Suppenteller oder auf einer kleinen Platte an.

Pro Portion je 1 etwa fingerdicke Scheibe weißer und schwarzer Preßsack, 1 Zwiebel, Essig, Öl, Pfeffer und je nach Geschmack etwas getrockneter Majoran

Die beiden Scheiben Preßsack ganz oder in dicke Streifen geschnitten in den Teller oder auf die Platte legen. Die Zwiebel in Ringe schneiden und auf dem Preßsack verteilen. Mit Essig und Öl übergießen. Mit Pfeffer und eventuell Majoran würzen und mit Bauernbrot servieren.

Notizen

Getränke

el Haus, Wein und Salkstadl.

Honigwein

Schon die Römer tranken den Honigwein als Aperitif.

1 l trockener Weißwein, 1 Eßlöffel Honig

Man rührt den Honig mit dem Schneebesen in den Wein ein und stellt das Getränk kalt.

Der Honigwein sollte gut gekühlt serviert werden.

Die Radlerhalbe oder Radlermaß

ist für die warme Jahreszeit ein sehr erfrischendes, durststillendes Getränk.

Man nimmt je zur Hälfte (¼ l oder ½ l) weißen Zitronensprudel und füllt mit hellem Bier vorsichtig auf, so daß es nicht überschäumt. Die Getränke sollten gut gekühlt sein.

Warmes Bier

1 l helles Bier, 140 g Zucker, 1 Stückchen Zimt, Zitronenschale, 4 Eigelb und etwas Rahm

Das Bier wird mit Zucker, Zimt und Zitronenschale aufgekocht. Unterdessen verrührt man die Eigelb mit dem Rahm, gießt das kochende Bier nach und nach hinzu und verquirlt es gut. Durchseihen und in Gläsern servieren.

Notizen und weitere Rezepte au

lugsburg

Notizen und weitere Rezepte au

ugsburg

Notizen und weitere Rezepte au

ugsburg

Notizen und weitere Rezepte au

ugsburg

Notizen und weitere Rezepte au

ugsburg

Register

Suppen und Suppeneinlagen

Brotsuppe	14
Kartoffelsuppe	14
Kässuppe	14
Hirnsuppe	15
Flädlesuppe	16
Einlaufsuppe	16
Leberknödel-Suppe	16
Brätknödelsuppe	17
Markklößlesuppe	17
Backspätzle-Suppe	17
Die Festtags- oder Hochzeitssuppe	19
Riebelesuppe	20
Mostsuppe	20
Gebackene Fischklößchen	20

Fleisch- und Wildgerichte

Schweineschaufelbraten	26
Senfbraten mit Thymiankruste	27
Schlachtplatte	27
Kalbsnierenbraten	28
Gefüllte Kalbsbrust	28
Kalbshaxe, gebraten	29
Rinderbrust mit Käsekruste	30
Ochsenbrust mit Meerrettichsoße	30
Gefüllte Gans	31
Gefüllte Tauben	32
Rehkeule	32
Wildschweinrücken	33

Innereien

Süß-saure Leber 38
Saure Nieren 38
Pikante Schweinenierchen 38
Saure Kutteln 39
Herzscheiben, pikant 39
Herz, sauer geschmort 40
Gefüllte Kalbsmilz 41

Fisch

Karpfen, gebacken 46
Gebackene Weißfische 46
Forelle mit Zitronensoße 48
Stockfisch 48

Beilagen, die auch selbständige Essen sein können

Kartoffelsalat 54
Gurken-Rettich-Salat 54
Kopfsalat mit Speck 54
Ackersalat 55
Spätzle 55
Kässpätzle 56
Krautspatzen 57
Krautkrapfen 57
„Baunza" (Kartoffelnudeln) 57
Kartoffelzöpfchen 58
Schupfnudeln 58
Zwetschgen in Essig 59

Süßspeisen

Dampfnudeln	64
Eierhaber	64
Rohrnudeln	65
Nonnenfürzle	65
Versoffene Jungfern	66
Apfelküchle	66
Apfelküchle auf andere Art	66
Holderküchle	67
Fasnachtsküchle (gezogene Küchle)	67
Zwetschgendatschi	68
Apfeldatschi	69
Johannisbeerkuchen	69
Einfacher Johannisbeernachtisch	70
Einfache Bratäpfel	70

Brotzeiten

Augsburger Knackwurst	74
Augsburger Knacker	74
Bauern-Wurstsalat	75
Wurstsalat	75
Wurst-Brotzeit	75
Tellersulz	76
Sauer angemachter Preßsack	76

Getränke

Honigwein	80
Die Radlerhalbe oder Radlermaß	80
Warmes Bier	80